Impressum
Verlag: BABADADA GmbH, Nedderfeld 112 , 22529 Hamburg
Geschäftsführer / Verlagsleitung: Harald Hof
Druck: Books on Demand GmbH, In de Tarpen 42, 22848 Norderstedt

Imprint
Publisher: BABADADA GmbH, Nedderfeld 112 , 22529 Hamburg, Germany
Managing Director / Publishing direction: Harald Hof
Print: Books on Demand GmbH, In de Tarpen 42, 22848 Norderstedt

AF175756

1

école
de School

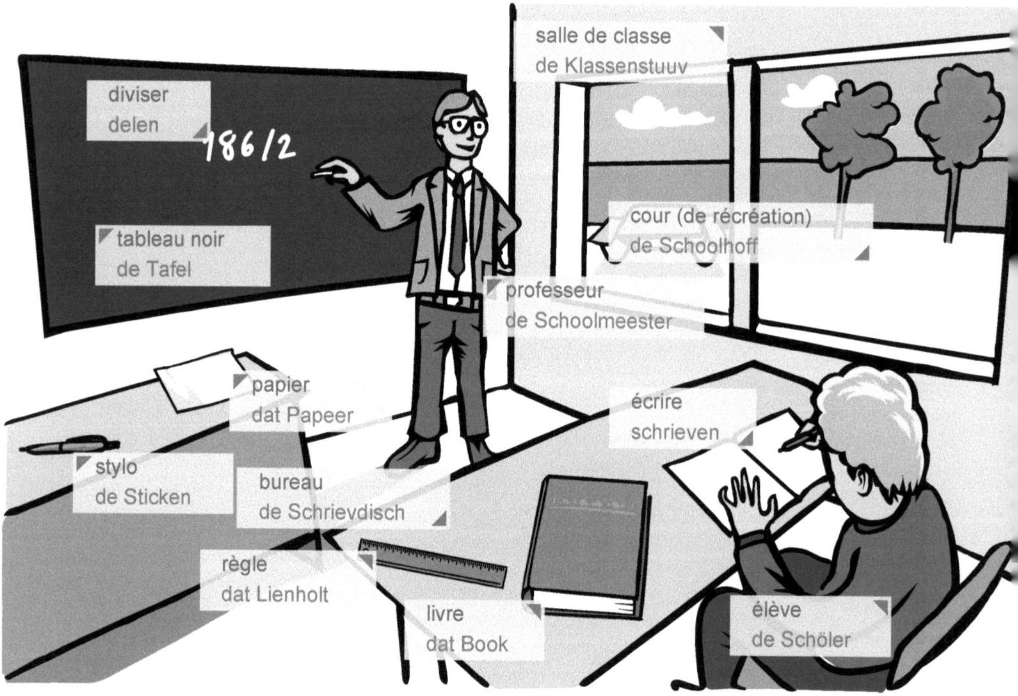
salle de classe
de Klassenstuuv
diviser
delen
186/2
tableau noir
de Tafel
cour (de récréation)
de Schoolhoff
professeur
de Schoolmeester
papier
dat Papeer
écrire
schrieven
stylo
de Sticken
bureau
de Schrievdisch
règle
dat Lienholt
livre
dat Book
élève
de Schöler

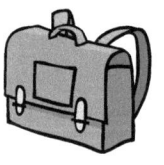

cartable
de Ranzel

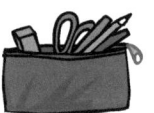

trousse
de Feddermapp

crayon
de Bleesticken

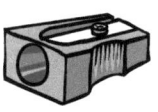

taille-crayon
de Scharpmaker

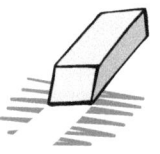

gomme
dat Radeergummi

carnet à dessin
de Tekenblock

dessin

de Teken

pinceau

de Pinsel

boîte de peinture

de Malkassen

ciseaux

de Scheer

colle

de Klever

cahier d'exercices

dat Heft to'n Öven

devoirs

de Huusopgaav

chiffre

de Tall

additionner

tohooptellen

soustraire

aftrecken

multiplier

malnehmen

calculer

reken

lettre

de Bookstaav

ABCDEFG
HIJKLMN
OPQRSTU
VWXYZ

alphabet

dat ABC

mot

dat Woort

texte

de Text

lire

lesen

craie

de Kried

leçon

de Stunn

livre de classe

dat Klassenbook

examen

de Pröven

certificat

dat Tüügnis

uniforme scolaire

de Schooluniform

formation

de Utbillen

lexique

dat Nakieksel

université

de Universität

microscope

dat Mikroskop

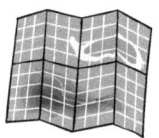

carte

de Koort

corbeille à papier

de Papeerkorf

école - de School

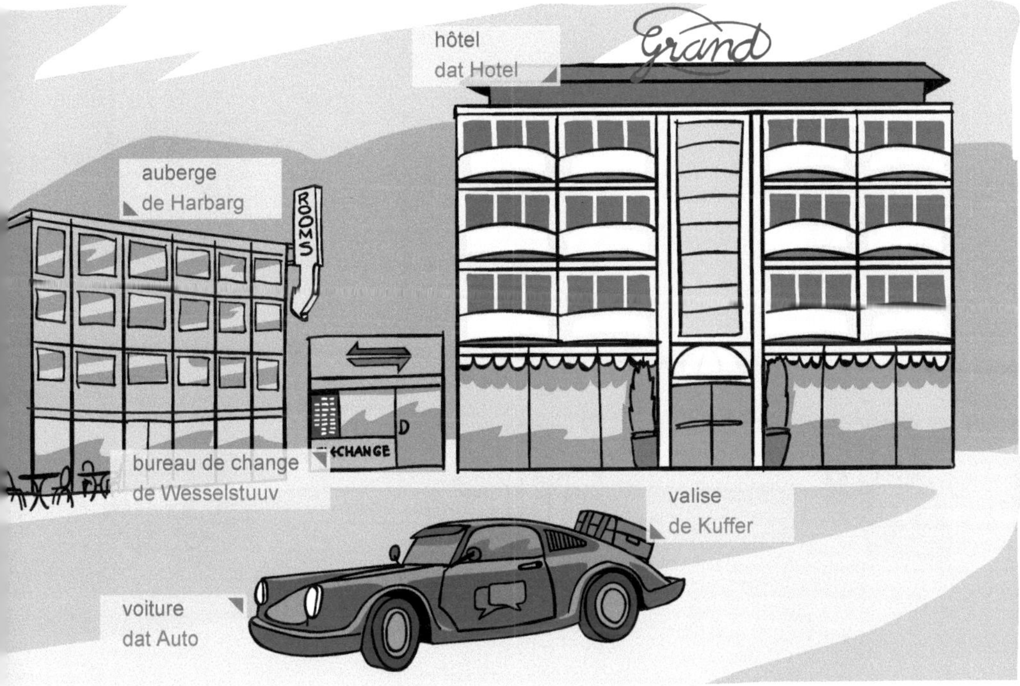

hôtel
dat Hotel
Grand
auberge
de Harbarg
ROOMS
bureau de change
de Wesselstuuv
valise
de Kuffer
voiture
dat Auto

langue
de Spraak

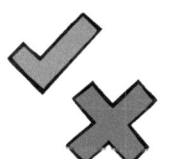

oui / non
jo / ne

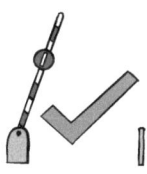

d'accord
Jo

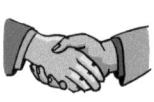

Salut
Moin

interprète
de Översetter

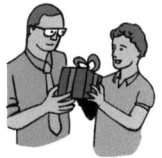

merci
Dank ok

Combien coûte...?

Wat kost...?

Je ne comprends pas

Ik verstah nich

problème

dat Problem

Bonsoir !

Goden Avend

Bonjour !

Moin!

Bonne nuit !

Gode Nacht!

Au revoir

Tschüüs

direction

de Richt

bagages

de Bagaasch

sac

de Tasch

sac-à-dos

de Rüchsack

hôte

de Gast

pièce

de Stuuv

sac de couchage

de Slaapsack

tente

dat Telt

office de tourisme

Touristeninformatschoon

plage

de Strand

carte de crédit

de Kreditkoort

petit-déjeuner

dat Fröhstück

déjeuner

dat Meddageten

dîner

dat Avendeten

billet

de Fohrkort

ascenseur

de Fohrstohl

timbre

de Breefmark

frontièrc

de Grenz

douane

de Toll

ambassade

de Bottschop

visa

dat Visum

passeport

de Pass

transport
de Transport

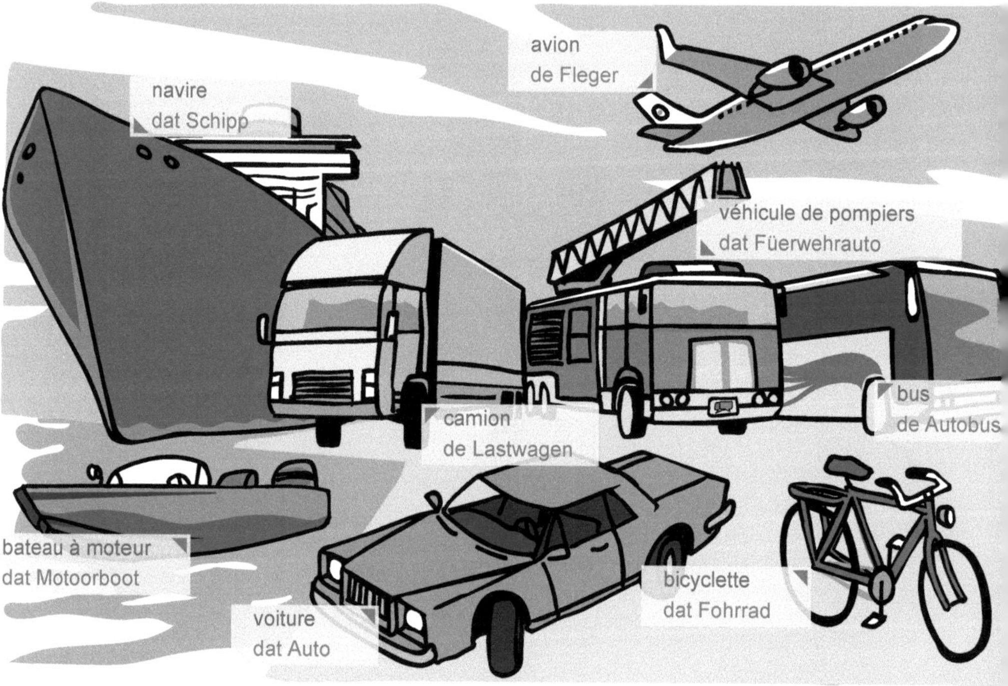
avion
de Fleger
navire
dat Schipp
véhicule de pompiers
dat Füerwehrauto
camion
de Lastwagen
bus
de Autobus
bateau à moteur
dat Motoorboot
bicyclette
dat Fohrrad
voiture
dat Auto

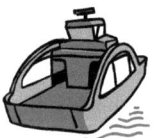

ferry
de Fähr

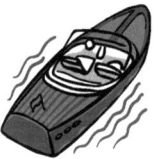

barque
dat Boot

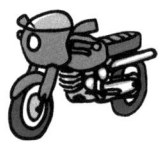

moto
dat Motoorrad

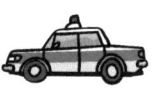

voiture de police
dat Polizeiauto

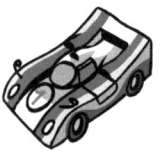

voiture de course
dat Rönnauto

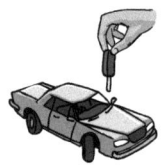

voiture de location
de Lehnwagen

auto-partage

dat Carsharing

voiture de remorquage

de Afsleepwagen

benne à ordures

dat Müllauto

moteur

de Motoor

essence

de Kraftstoff

station d'essence

de Tanksteed

panneau indicateur

dat Verkehrsschild

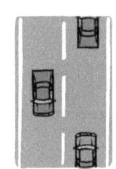

trafic

de Verkehr

embouteillage

de Stau

parking

de Afstellplatz

gare

de Bahnhoff

rails

de Sporen

train

de Tog

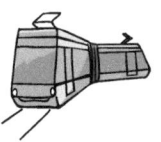

tramway

de Stratenbahn

wagon

de Wagon

hélicoptère
de Dwarsmöhl

aéroport
de Flooghaven

tour
de Tower

passager
de Fohrgast

conteneur
de Grootkist

carton
de Karton

chariot
de Koor

corbeille
de Korf

décoller / atterrir
starten / lannen

ville
de Stadt

village
dat Dörp

centre-ville
de Binnenstadt

maison
dat Huus

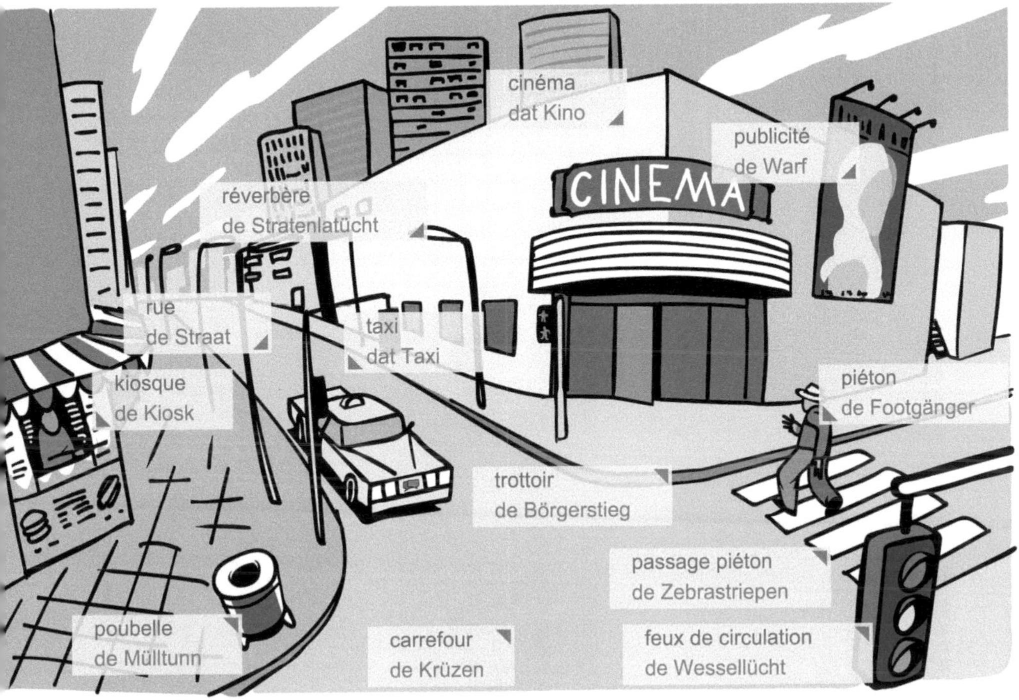
cinéma
dat Kino
publicité
de Warf
CINEMA
réverbère
de Stratenlatücht
rue
de Straat
taxi
dat Taxi
kiosque
de Kiosk
piéton
de Footgänger
trottoir
de Börgerstieg
passage piéton
de Zebrastriepen
poubelle
de Mülltunn
carrefour
de Krüzen
feux de circulation
de Wessellücht

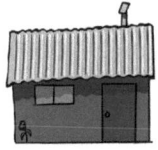

cabane

de Hütt

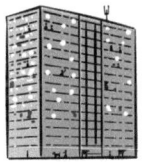

appartement

de Wahnung

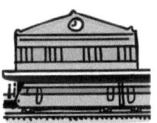

gare

de Bahnhoff

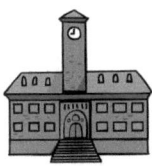

mairie

dat Raathuus

MUSEUM

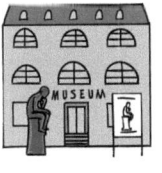

musée

dat Museum

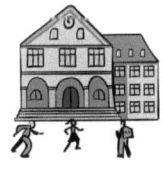

école

de School

université
de Universität

banque
de Bank

hôpital
dat Krankenhuus

hôtel
dat Hotel

pharmacie
de Afteek

bureau
dat Büro

librairie
de Bookhökerie

magasin
de Hökerie

fleuriste
de Blomenhökerie

supermarché
de Supermarkt

marché
de Markt

grand magasin
dat Koophuus

poissonnerie
de Fischhökerie

centre commercial
dat Inkoopszentrum

port
de Haven

parc

de Parkanlaag

banque

de Bank

pont

de Brüch

escaliers

de Trepp

métro

de Ünnergrundbahn

tunnel

de Tunnel

arrêt de bus

de Busstoppsteed

bar

de Bar

restaurant

dat Spieslokal

boîte à lettres

de Breefkassen

panneau indicateur

dat Stratenschild

parcmètre

de Parkklock

zoo

de Deertenpark

piscine

de Baadanstalt

mosquée

de Moschee

ferme
de Buernhoff

pollution
de Ümweltversmudden

cimetière
de Karkhoff

église
de Kark

aire de jeux
de Speelplatz

temple
de Tempel

paysage
de Landschop

feuille
dat Blatt

panneau indicateur
de Wiespahl

chemin
de Weg

pré
de Wisch

pierre
de Steen

randonneur
de Wannerer

arbre
de Boom

rivière
de Fluss

herbe
dat Gras

fleur
de Bloom

vallée
....
dat Daal

montagne
....
de Barg

lac
....
de See

forêt
....
dat Holt

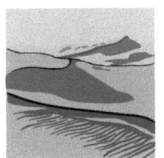

désert
....
de Wööst

volcan
....
de Füerspien Barg

château
....
dat Slott

arc-en-ciel
....
de Regenbagen

champignon
....
de Poggenstohl

palmicr
....
de Palm

moustique
....
de Steekmück

mouche
....
de Fleeg

fourmis
....
de Miegeemk

abeille
....
de Imm

araignée
....
de Spinn

coléoptère
....
de Sebber

grenouille
....
de Pogg

écureuil
....
de Katteker

hérisson
....
de Swienegel

lièvre
....
de Haas

chouette
....
de Uul

oiseau
....
de Vagel

cygne
....
de Swaan

sanglier
....
dat Wildswien

cerf
....
de Hirsch

élan
....
de Elk

barrage
....
de Staudamm

éolienne
....
dat Windrad

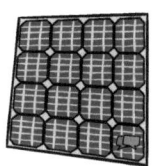

panneau solaire
....
dat Solarmodul

climat
....
dat Klima

restaurant
dat Spieslokal

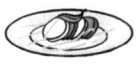

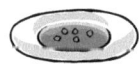

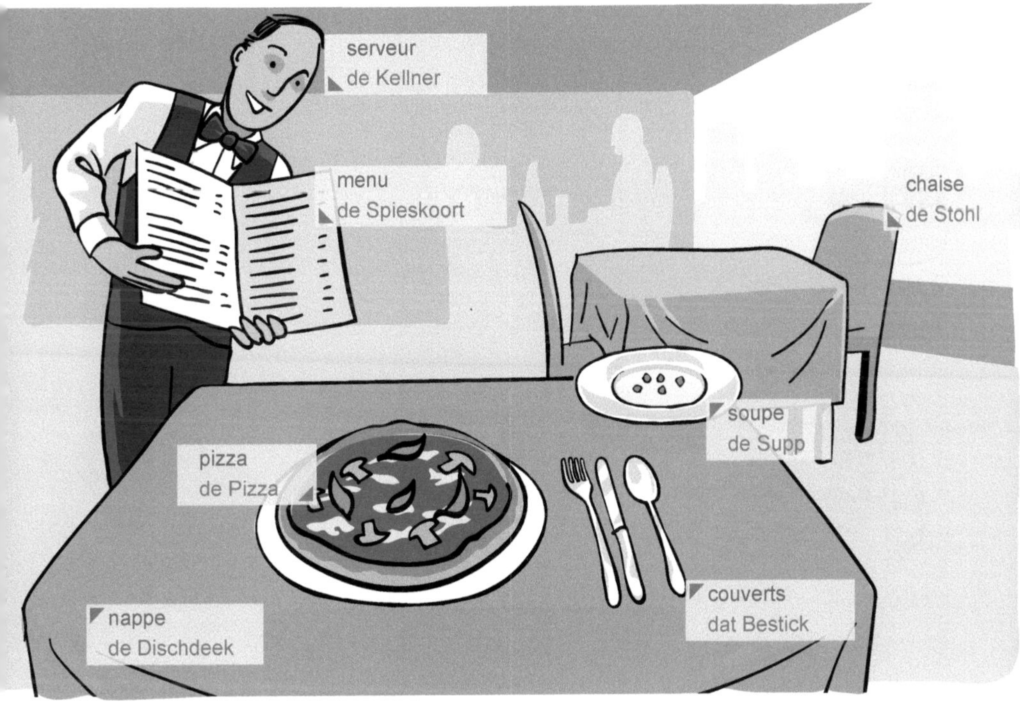
serveur
de Kellner
menu
de Spieskoort
chaise
de Stohl
soupe
de Supp
pizza
de Pizza
couverts
dat Bestick
nappe
de Dischdeek

hors d'œuvre
....
de Vörspies

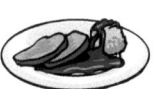

plat principal
....
dat Haupteten

dessert
....
de Nadisch

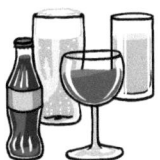

boissons
....
de Drünk

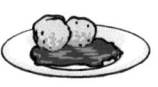

alimentation
....
dat Eten

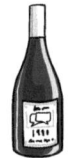

bouteille
....
de Buddel

fast-food
....
dat Fastfood

plats à emporter
....
dat Strateneten

théière
....
de Teekann

sucrier
....
de Zuckerdoos

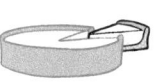

portion
....
de Portschoon

machine à expresso
....
de Espressomaschien

chaise haute
....
de Hoochstohl

facture
....
de Reken

plateau
....
dat Tablett

couteau
....
dat Mess

fourchette
....
de Gavel

cuillère
....
de Lepel

cuillère à thé
....
de Teelepel

serviette
....
dat Munddook

verre
....
dat Glas

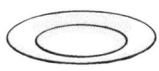

assiette
de Töller

assiette à soupe
de Suppentöller

soucoupe
de Ünnertass

sauce
de Sooß

salière
de Soltstreuer

moulin à poivre
de Pepermöhl

vinaigre
de Etig

huile
dat Ööl

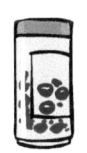

épices
de Krüder

ketchup
de Ketchup

moutarde
de Mostrich

mayonnaise
de Mayonnaise

supermarché
de Supermarkt

offre promotionnelle
dat Anbott
FOR
client
de Kunn
produits laitiers
de Melkprodukten
fruits
dat Aaft
chariot
de Inkoopswagen

BUTCHERS

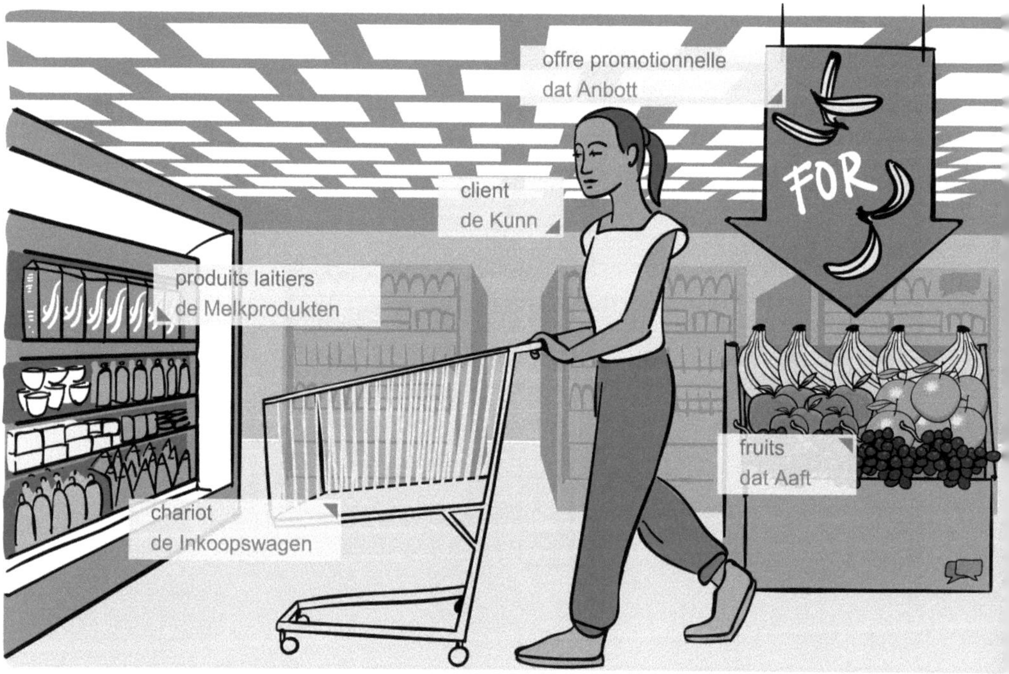

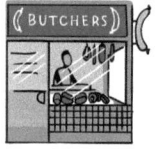

boucherie

de Slachterie

BAKERY

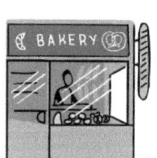

boulangerie

de Bäckerie

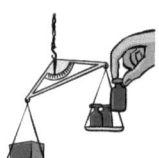

peser

wegen

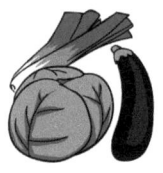

légumes

de Gröönsaken

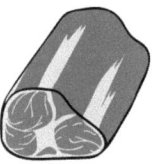

viande

dat Fleesch

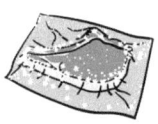

aliments surgelés

de Deepköhlkost

charcuterie

de Opsnitt

conserves

de Konserven

poudre à lessive

de Waschmiddel

bonbons

de Snoopkraam

articles ménagers

de Huushooltssaken

détergents

de Reinmaaktüüch

vendeuse

de Verköpersche

caisse

de Kass

caissier

de Kasserer

liste d'achats

de Inkoopslist

heures d'ouverture

de Opsparrtieden

portefeuille

de Breeftasch

carte de crédit

de Kreditkoort

sac

de Tasch

sac en plastique

de Plastiktüüt

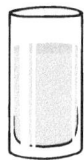

eau

dat Water

jus de fruit

de Saft

lait

de Melk

coca

de Cola

vin

de Wien

bière

dat Beer

alcool

de Spriet

chocolat chaud

de Kakao

thé

de Tee

café

de Koffie

expresso

de Espresso

cappuccino

de Cappucino

banane
de Banaan

pomme
de Appel

orange
de Appelsien

melon
de Meloon

citron
de Zitroon

carotte
de Wöttel

ail
de Knuuvlook

bambou
de Bambus

oignon
de Zibbel

champignon
de Poggenstohl

noisettes
de Nööt

pâtes
de Nudeln

spaghetti

de Spaghetti

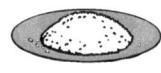

riz

de Ries

salade

de Salat

pommes frites

de Pommes frites

pommes de terre rôties

de Braadkantüffeln

pizza

de Pizza

hamburger

de Hamborger

sandwich

dat Sandwich

escalope

dat Snitzel

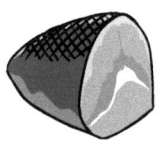

jambon

de Schinken

salami

de Salami

saucisse

de Wust

poulet

dat Hohn

rôti

de Braden

poisson

de Fisch

alimentation - dat Eten

flocons d'avoine
....
de Haverflocken

muesli
....
dat Müsli

cornflakes
....
de Cornflakes

farine
....
dat Mehl

croissant
....
de Croissant

petits-pains
....
dat Rundstück

pain
....
dat Broot

pain grillé
....
dat Toast

biscuits
....
de Keksen

beurre
....
de Botter

le fromage blanc
....
de Quark

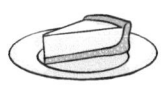

gâteau
....
de Koken

œuf
....
dat Ei

œuf au plat
....
dat Spegelei

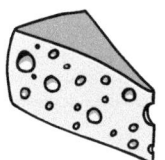

fromage
....
de Kees

glace
de Ijs

sucre
de Zucker

miel
de Honnig

confiture
de Marmelaad

crème nougat
de Nougat-Creme

curry
dat Curry

ferme
de Buernhoff

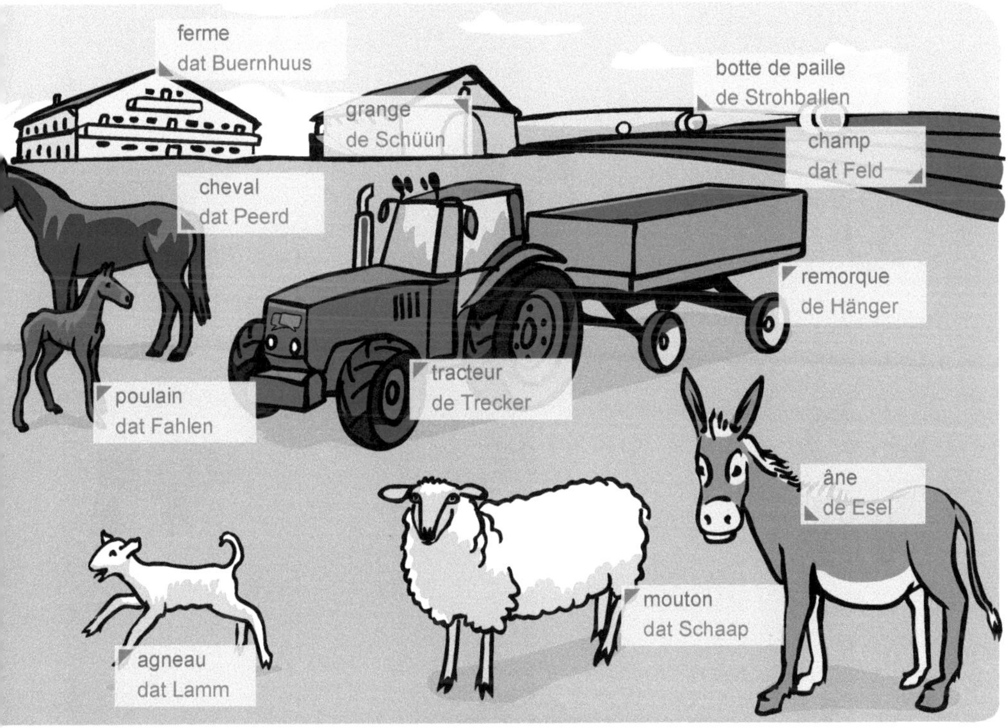
ferme
dat Buernhuus
grange
de Schüün
botte de paille
de Strohballen
champ
dat Feld
cheval
dat Peerd
remorque
de Hänger
tracteur
de Trecker
poulain
dat Fahlen
âne
de Esel
mouton
dat Schaap
agneau
dat Lamm

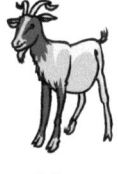

chèvre

de Zeeg

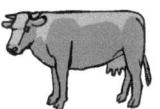

vache

de Koh

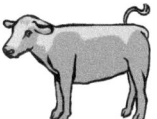

veau

dat Kalf

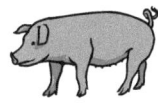

porc

dat Swien

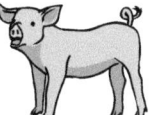

porcelet

dat Farken

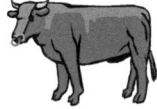

taureau

de Bull

oie
de Goos

canard
de Aant

poussin
dat Küken

poule
dat Hohn

coq
de Hahn

rat
de Rott

chat
de Katt

souris
de Muus

bœuf
de Oss

chien
de Hund

chenil
de Hunnenhütt

tuyau de jardin
de Goornslauch

arrosoir
de Geetkann

faucheuse
de Lee

charrue
de Ploog

faucille

de Sich

pioche

de Hack

fourche

de Mestfork

hache

de Ext

brouette

de Schuufkoor

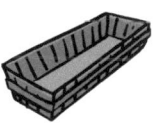

cuve

de Trog

pot à lait

de Melkkann

sac

de Sack

clôture

de Tuun

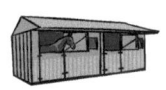

étable

de Stall

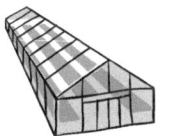

serre

dat Drievhuus

sol

de Bodden

semences

de Saat

engrais

de Dünger

moissonneuse-batteuse

de Meihdöscher

récolter
oornen

récolte
de Oorn

igname
de Yamswöttel

blé
de Weten

soja
dat Soja

pomme de terre
de Kantüffel

maïs
de Törksche Weten

colza
de Rapp

arbre fruitier
de Aaftboom

manioc
de Troopsch Kantüffel

céréales
dat Koorn

maison
dat Huus

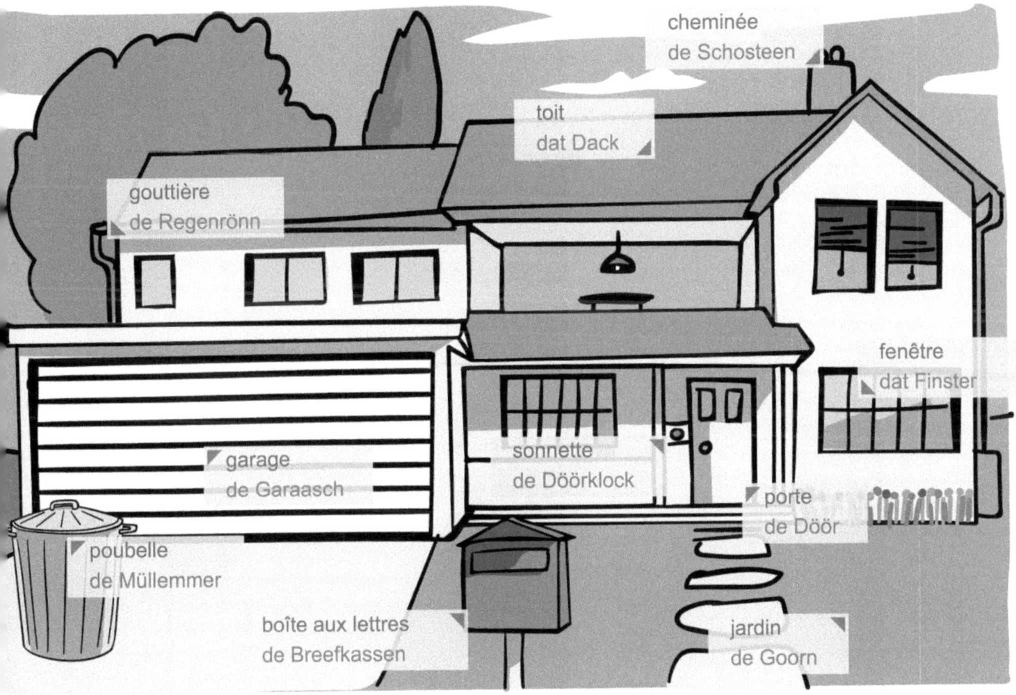

cheminée
de Schosteen
toit
dat Dack
gouttière
de Regenrönn
fenêtre
dat Finster
garage
de Garaasch
sonnette
de Döörklock
porte
de Döör
poubelle
de Müllemmer
boîte aux lettres
de Breefkassen
jardin
de Goorn

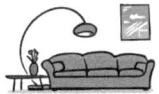

salon

de Wahnstuuv

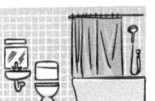

salle de bain

de Baadstuuv

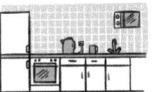

cuisine

de Köök

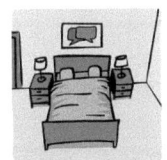

chambre à coucher

de Slaapstuuv

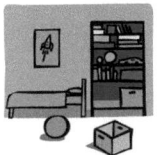

chambre d'enfant

de Kinnerstuuv

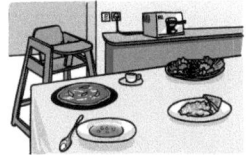

salle à manger

de Eetstuuv

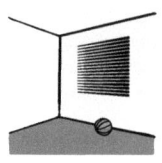

sol

de Footbodden

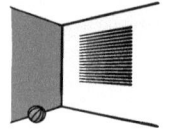

mur

de Wand

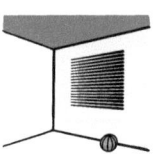

plafond

de Deek

cave

de Keller

sauna

dat Hittluftbad

balcon

de Balkon

terrasse

de Terrass

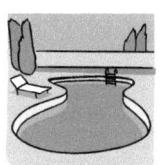

piscine

dat Swümmbad

tondeuse à gazon

de Rasenmeiher

housse

de Bettbetog

couette

de Bettdeek

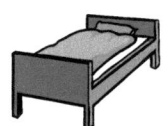

lit

de Puuch

balai

de Bessen

sceau

de Emmer

interrupteur

de Schalter

maison - dat Huus

salon

de Wahnstuuv

papier peint
de Tapeet
image
dat Bild
lampe
de Lamp
étagère
dat Regal
armoire
dat Schapp
télé
de Kiekkassen
cheminée
de Kamin
fleur
de Bloom
coussin
dat Küssen
sofa
dat Sofa
vase
de Vaas
télécommande
de Feernbedenen

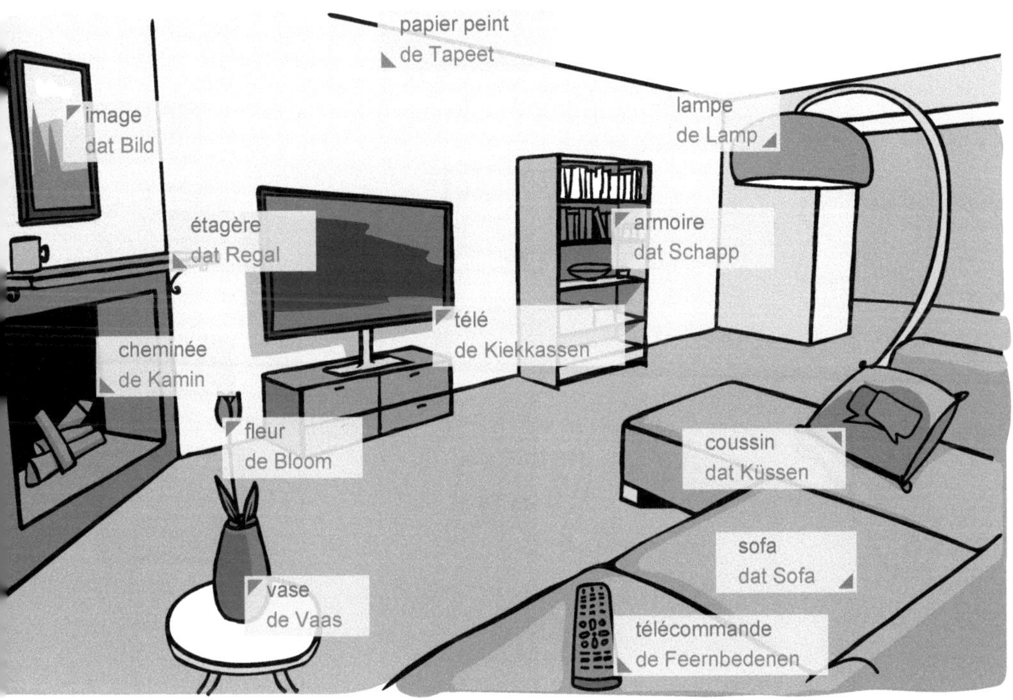

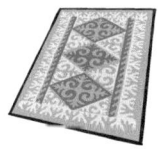

tapis

de Teppich

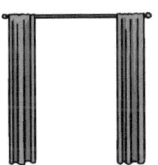

rideau

de Vörhang

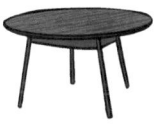

table

de Disch

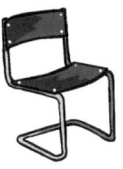

chaise

de Stohl

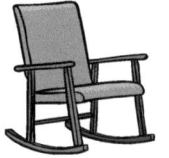

chaise à bascule

de Schuckelstohl

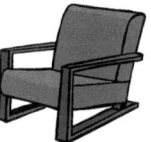

fauteuil

de Sessel

livre

dat Book

couverture

de Deek

décoration

de Dekoratschoon

bois de chauffage

dat Füerholt

film

de Film

chaîne hi-fi

de Stereoanlaag

clé

de Slötel

journal

dat Narichtenblatt

peinture

dat Gemälde

poster

dat Poster

radio

dat Radio

bloc-notes

de Opschrievblock

aspirateur

de Huulbessen

cactus

de Kaktus

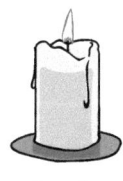

bougie

de Kars

salon - de Wahnstuuv

cuisine
de Köök

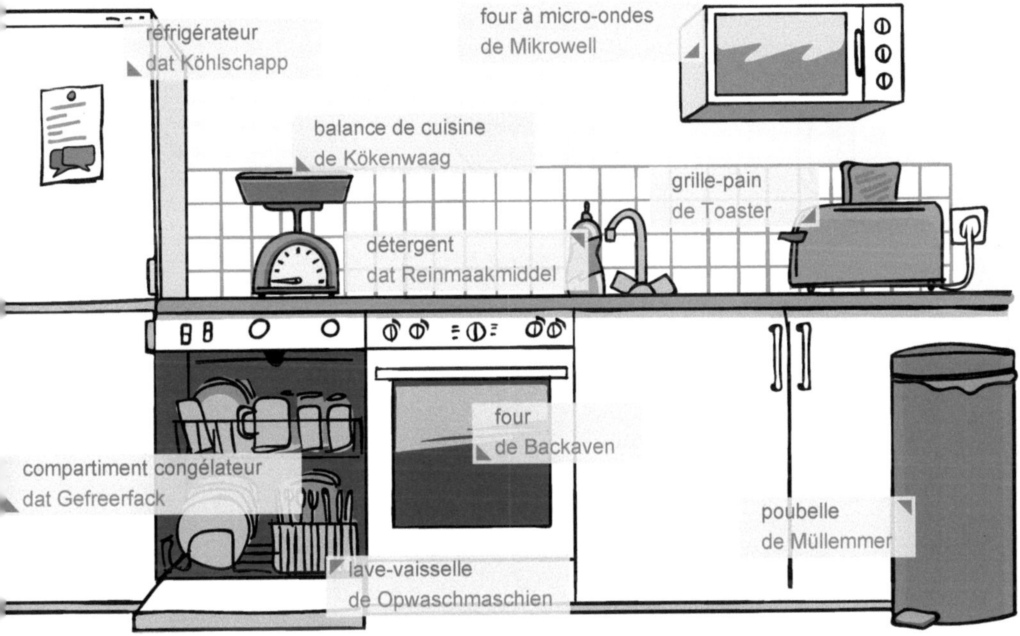
réfrigérateur
dat Köhlschapp
four à micro-ondes
de Mikrowell
balance de cuisine
de Kökenwaag
grille-pain
de Toaster
détergent
dat Reinmaakmiddel
four
de Backaven
compartiment congélateur
dat Gefreerfack
poubelle
de Müllemmer
lave-vaisselle
de Opwaschmaschien

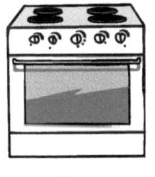

four
....
de Heerd

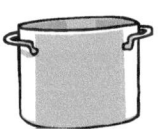

casserole
....
de Pott

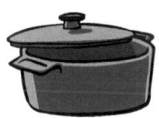

marmite
....
de Gussiesern Putt

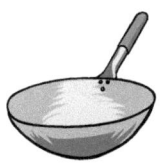

wok / kadai
....
de Wok / Kadai

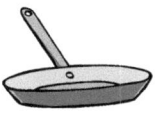

poêle
....
de Pann

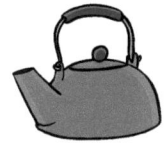

bouilloire electrique
....
de Waterkaker

cuiseur vapeur

de Dampkaakputt

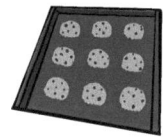

plaque de cuisson

dat Backblick

vaisselle

dat Geschirr

gobelet

de Beker

coupe

de Schaal

baguettes

de Eetsticken

louche

de Suppenkell

spatule

de Pannenwenner

fouet

de Sneebessen

passoire

dat Kaakseef

tamis

dat Seef

râpe

de Riev

mortier

de Mörser

barbecue

de Grill

cheminée

de Füerstell

planche à découper
dat Sniedbrett

rouleau à pâtisserie
dat Nudelholt

tire-bouchon
de Proppentrecker

boîte
de Doos

ouvre-boîte
de Dosenaapner

maniques
de Pottlappen

lavabo
dat Waschbecken

brosse
de Böst

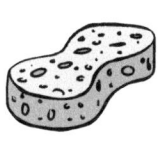

éponge
de Swamm

mixeur
de Mixer

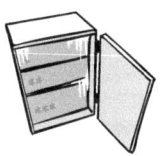

congélateur
dat lesschapp

biberon
de Nuckelbuddel

robinet
de Waterhahn

salle de bain
de Baadstuuv

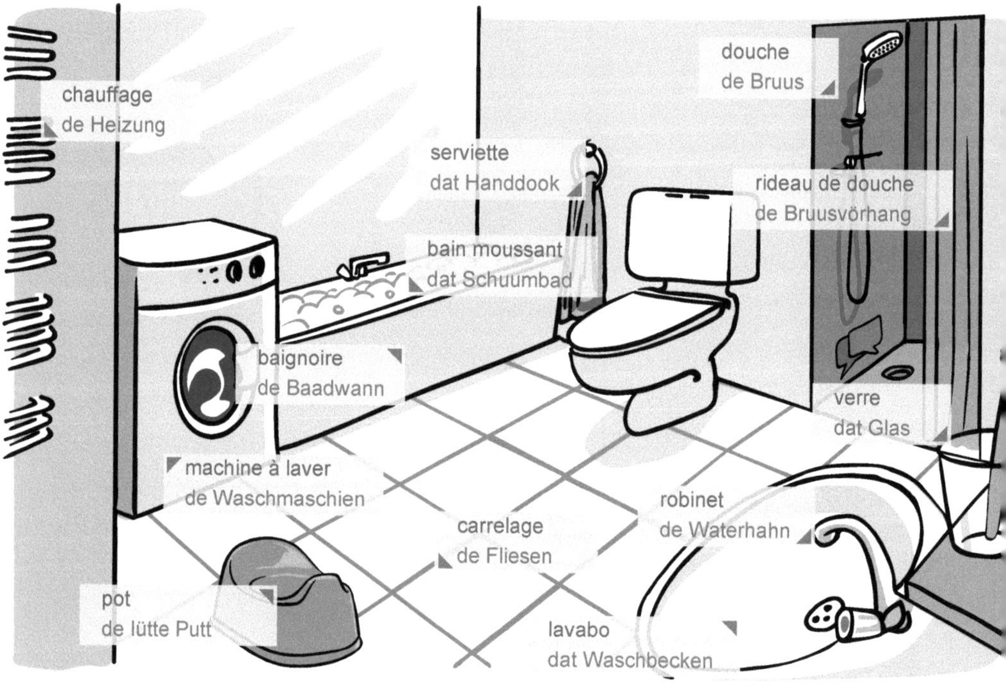
chauffage
de Heizung
douche
de Bruus
serviette
dat Handdook
rideau de douche
de Bruusvörhang
bain moussant
dat Schuumbad
baignoire
de Baadwann
verre
dat Glas
machine à laver
de Waschmaschien
robinet
de Waterhahn
carrelage
de Fliesen
pot
de lütte Putt
lavabo
dat Waschbecken

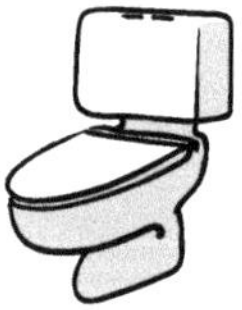

toilettes
de Tante Meier

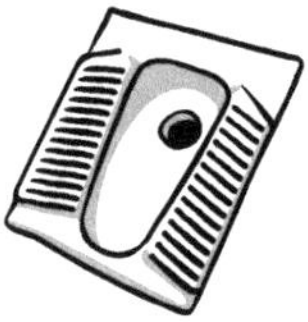

toilette à la turque
de Hockklo

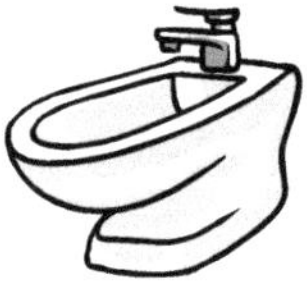

bidet
dat Bidet

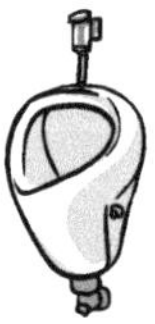

urinoir
dat Miegbecken

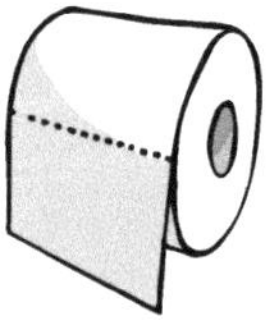

papier toilette
dat Klopapeer

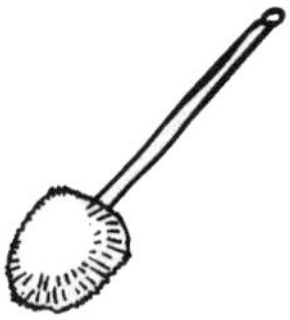

brosse à toilette
de Kloböst

brosse à dents

de Tähnböst

dentifrice

de Tähnpast

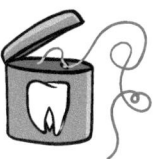

fil dentaire

de Tähnsied

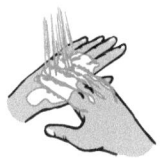

laver

waschen

douche manuelle

de Handbruus

douche intime

de Intimbruus

vasque

de Waschschöttel

brosse dorsale

de Rüchböst

savon

de Seep

gel douche

dat Bruusgeel

shampooing

dat Hoorwaschmiddel

gant de toilette

de Waschlappen

écoulement

de Afloop

crème

de Creme

déodorant

dat Deodorant

miroir	miroir cosmétique	rasoir
de Spegel	de Kosmetikspegel	de Raserer

mousse à raser	après-rasage	peigne
de Raseerschuum	dat Raseerwater	de Kamm

brosse	sèche-cheveux	laque pour cheveux
de Böst	de Hoordröger	dat Hoorspray

fond de teint	rouge à lèvres	vernis à ongles
de Smink	de Lippensticken	de Nagellack

ouate	coupe-ongles	parfum
de Watt	de Nagelscheer	dat Rüükwater

trousse de toilette
de Kulturbüdel

tabouret
de Schemel

pèse-personne
de Waag

peignoir
de Baadmantel

gants de nettoyage
de Gummihanschen

tampon
de Tampon

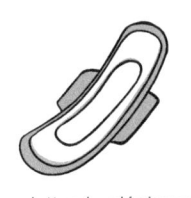

serviettes hygiéniques
de Damenbinn

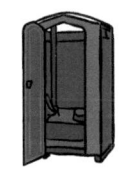

toilette chimique
dat Chemieklo

chambre d'enfant
de Kinnerstuuv

réveil
de Wecker
doudou
dat Knudeldeert
voiture jouet
dat Speeltüüchauto
hochet
de Klöter
maison de poupée
dat Poppenhuus
cadeau
dat Geschenk

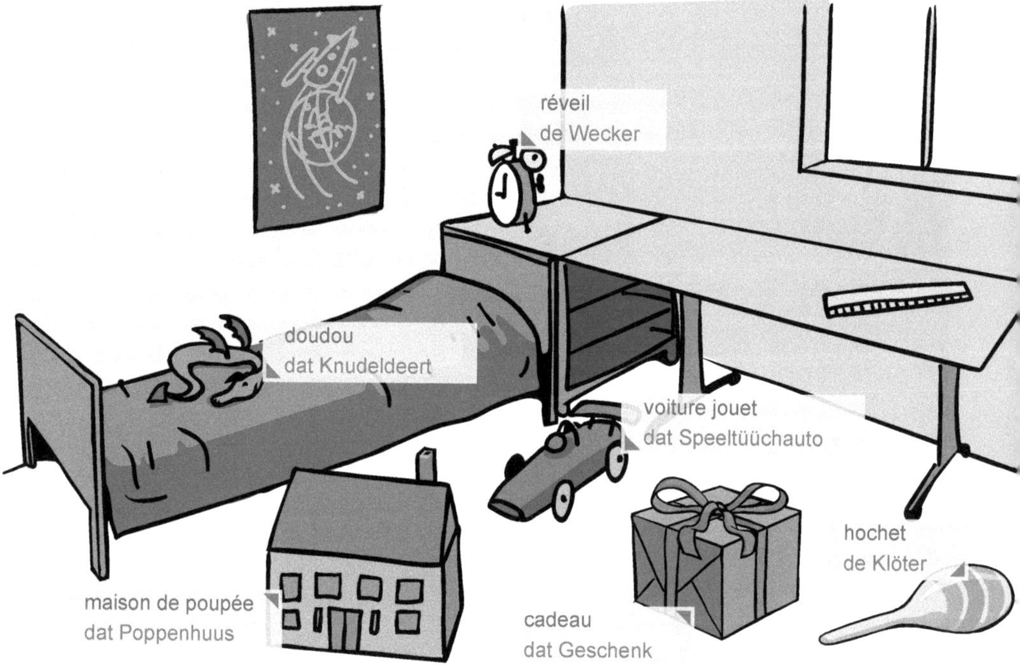

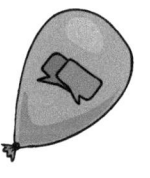

ballon
de Luftballon

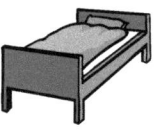

lit
de Puuch

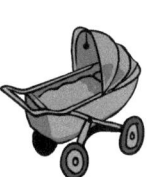

poussette
de Kinnerwagen

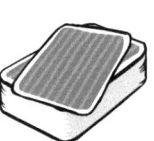

jeu de cartes
dat Koortenspeel

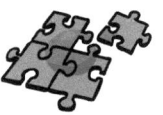

puzzle
dat Puzzle

SUPER
MEGA

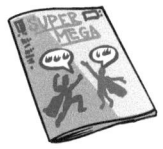

bande dessinée
de Billergeschicht

pièces lego
de Legostenen

blocs de construction
de Bustenen

figurine
de Action-Figur

grenouillère
de Strampelantog

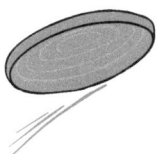

frisbee
de Frisbeeschiev

mobile
dat Mobile

jeu de société
dat Brettspeel

dé
de Wörpel

train miniature
de Modelliesenbahn

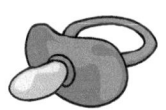

sucette
de Snuller

fête
de Party

livre d'images
dat Billerbook

balle
de Ball

poupée
de Popp

jouer
spelen

bac à sable
de Sandkassen

balançoire
de Schuckel

jouets
dat Speeltüüch

console de jeu
de Speelkonsool

tricycle
dat Dreerad

ours en peluche
de Teddyboor

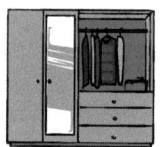

armoire
dat Klederschapp

vêtements
dat Tüüch

chaussettes
de Socken

bas
de Strümp

collant
de Strumpbüx

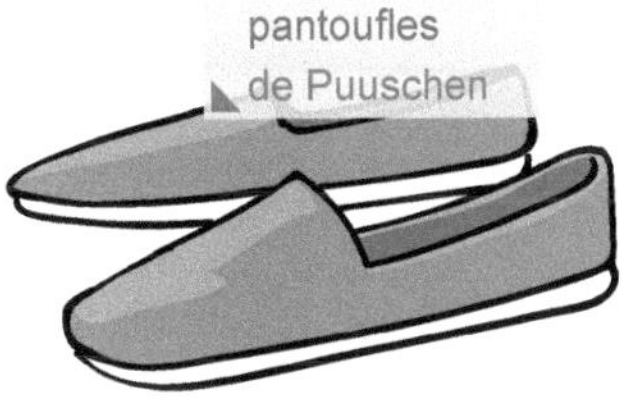

écharpe
dat Halsdook

parapluie
de Paraplü

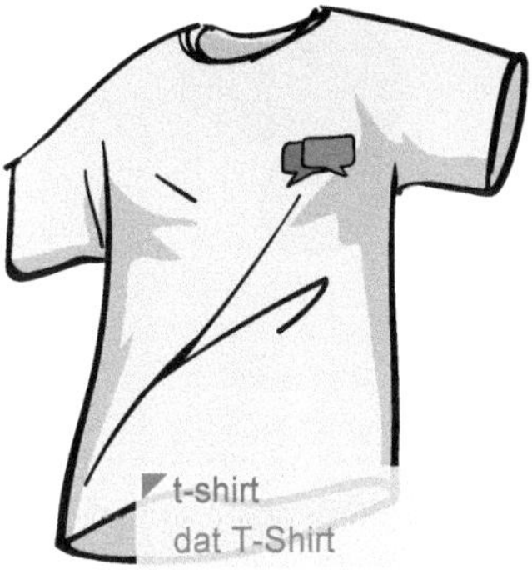

t-shirt
dat T-Shirt

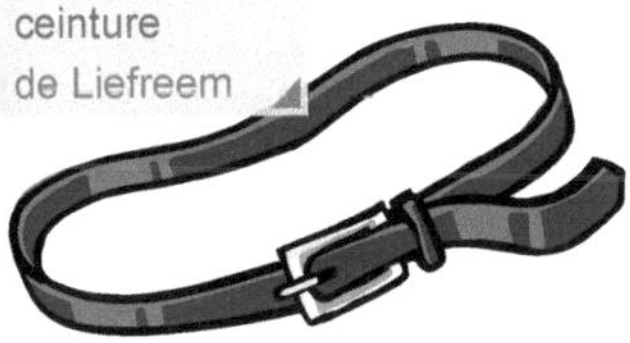

ceinture
de Liefreem

bottes
de Stevel

pantoufles
de Puuschen

baskets
de Turnschoh

sandales
de Sandalen

chaussures
de Schoh

bottes de caoutchouc
de Gummistevel

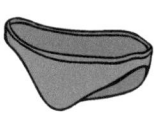

sous-vêtements
de Ünnerbüx

soutien-gorge
de Bostholler

maillot de corps
dat Ünnerhemd

body
de Lief

pantalon
de Büx

jean
de Jeansnüx

jupe
de Rock

chemisier
de Bluus

chemise
dat Hemd

pull
de Pullover

sweat à capuche
de Kapuzenpullover

veste
de Blazer

veste
de Jack

manteau
de Mantel

imperméable
de Övertrecker

costume
dat Kostüm

robe
dat Kleed

robe de mariée
dat Hochtietskleed

costume

de Antog

chemise de nuit

dat Nachtkleed

pyjama

de Slaapantog

sari

de Sari

foulard

dat Koppdook

turban

de Turban

burqa

de Burka

caftan

de Kaftan

abaya

de Abaya

maillot de bain

de Baadantog

maillot de bain

de Baadbüx

short

de Korte Büx

tenue d'entraînement

de Antog to'n Öven

tablier

de Schört

gants

de Handschoh

bouton

de Knopp

lunettes

de Brill

bracelet

dat Armband

collier

de Halskeed

bague

de Ring

boucle d'oreille

de Ohrbummel

bonnet

de Mütz

cintre

de Klederbögel

chapeau

de Hoot

cravate

de Binner

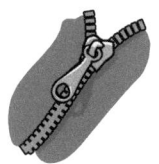

fermeture éclair

de Rietslüter

casque

de Helm

bretelles

dat Drachtband

uniforme scolaire

de Schooluniform

uniforme

de Uniform

bavoir
....
de Severböten

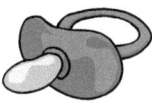

sucette
....
de Snuller

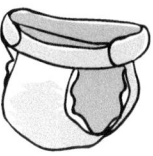

lange
....
de Winnel

bureau
dat Büro

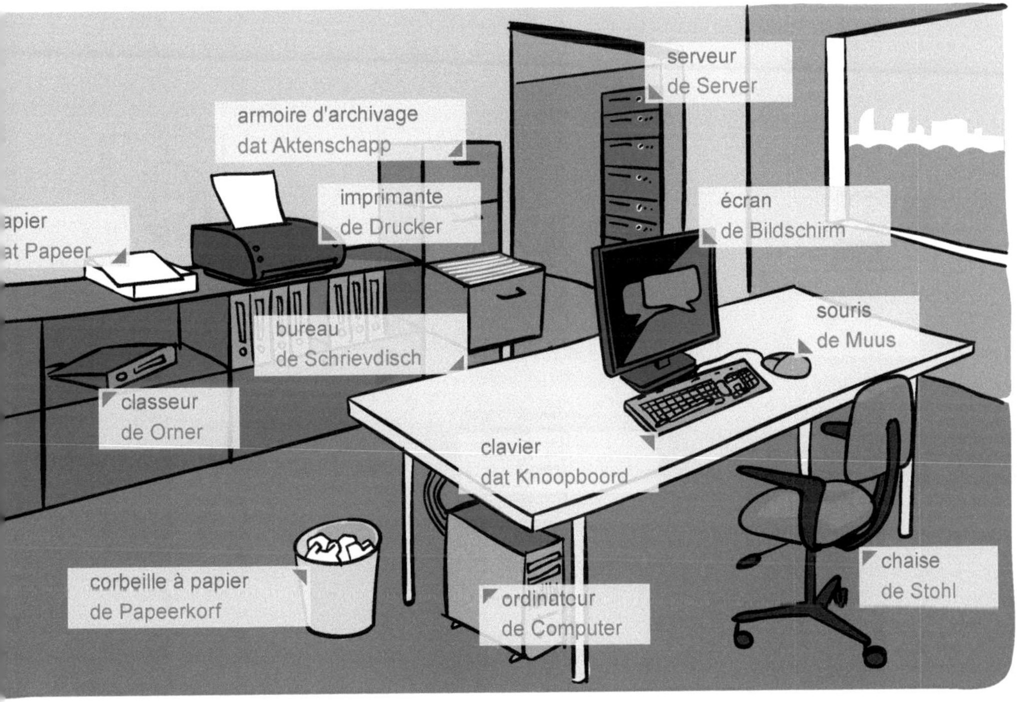

serveur
de Server

armoire d'archivage
dat Aktenschapp

imprimante
de Drucker

écran
de Bildschirm

apier
at Papeer

bureau
de Schrievdisch

souris
de Muus

classeur
de Orner

clavier
dat Knoopboord

corbeille à papier
de Papeerkorf

ordinateur
de Computer

chaise
de Stohl

tasse de café
....
de Koffiebeker

calculatrice
....
de Taschenreekner

internet
....
dat Internet

ordinateur portable

de Klappreekner

lettre

de Breef

message

de Naricht

portable

de Ackersnacker

réseau

dat Nettwark

photocopieuse

de Kopeerapparat

logiciel

de Software

téléphone

de Klöönkassen

prise

de Steekdoos

fax

de Faxapparat

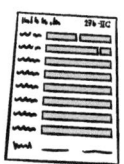

formulaire

dat Formulor

document

dat Dokument

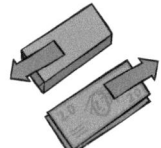

acheter

köpen

payer

betahlen

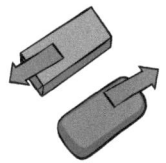

faire du commerce

hanneln

monnaie

dat Geld

dollar

de Dollar

euro

de Euro

yen

de Yen

rouble

de Ruvel

franc suisse

de Swiezer Franken

renminbi yuan

de Renminbi Yuan

roupie

de Rupie

distributeur automatique

de Geldautomat

bureau de change

de Wesselstuuv

or

dat Gold

argent

dat Sülver

pétrole

dat Ööl

énergie

de Energie

prix

de Pries

contrat

de Verdrag

taxe

de Stüer

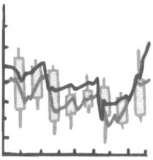

action

de Andeelschien

travailler

arbeiden

employé

de Anstellte

employeur

de Arbeitgever

usine

de Fabrik

magasin

de Hökerie

professions
de Profeschonen

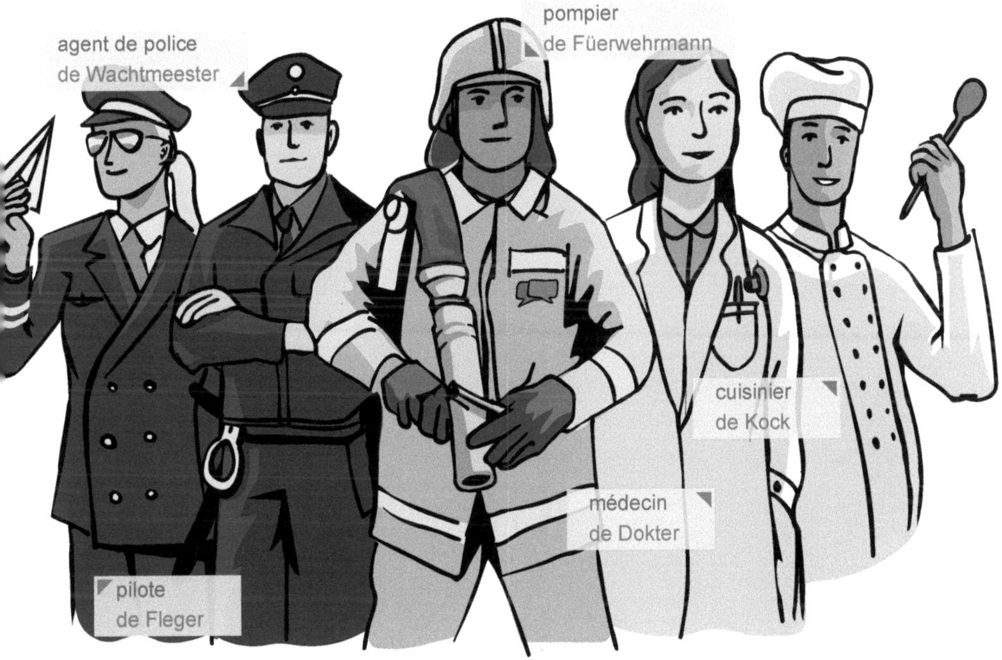
pompier
de Füerwehrmann
agent de police
de Wachtmeester
cuisinier
de Kock
médecin
de Dokter
pilote
de Fleger

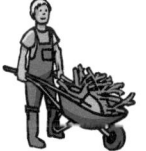

jardinier

de Goorner

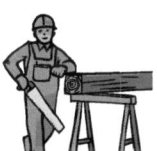

menuisier

de Discher

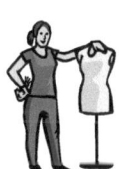

couturière

de Neihersche

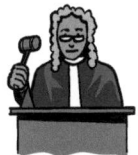

juge

de Richter

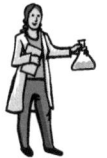

chimiste

de Chemiker

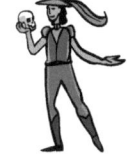

acteur

de Schauspeler

conducteur de bus

de Busfohrer

chauffeur de taxi

de Taxifohrer

pêcheur

de Fischer

femme de ménage

de Reinmaakfru

couvreur

de Dackdecker

serveur

de Kellner

chasseur

de Jäger

peintre

de Maler

boulanger

de Bäcker

électricien

de Elektriker

ouvrier

de Buarbeider

ingénieur

de Ingenieur

boucher

de Slachter

plombier

de Klempner

facteur

de Postbüdel

soldat

de Suldat

architecte

de Architekt

caissier

de Kasserer

fleuriste

de Florist

coiffeur

de Putzbüdel

contrôleur

de Schaffner

mécanicien

de Mechaniker

capitaine

de Kaptein

dentiste

de Tähndokter

scientifique

de Wetenschopler

rabbin

de Rabbi

imam

de Imam

moine

de Mönk

prêtre

de Paap

outils
dat Warktüüch

marteau
de Hamer
pinces
de Tang
tournevis
de Schruvendreiher
clé
de Schruvenslötel
torche
de Taschenlan

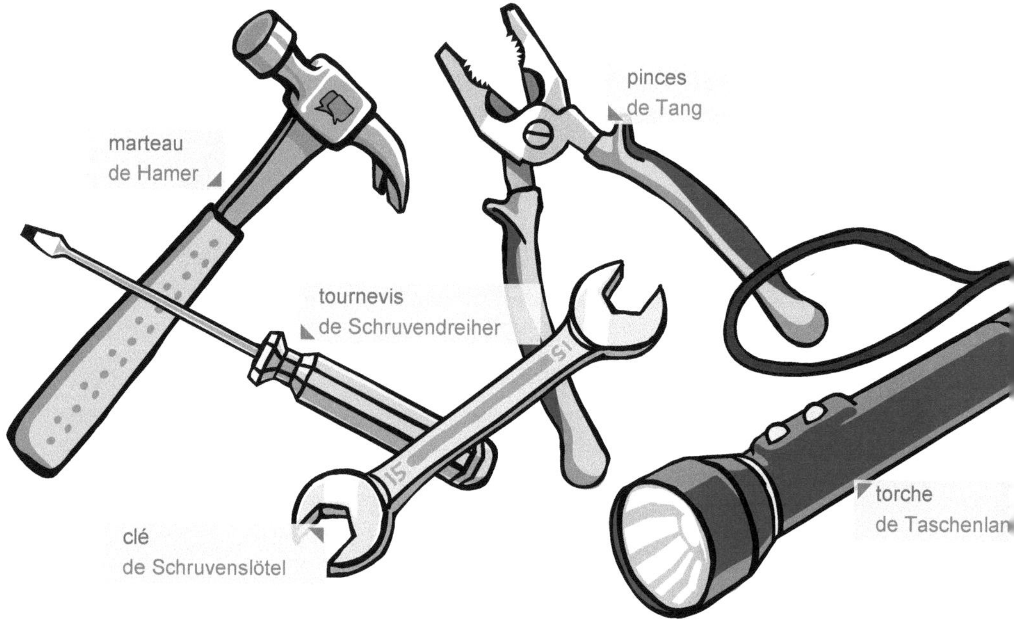

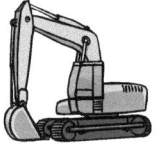

pelleteuse

de Grieper

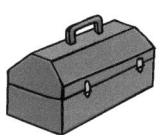

boîte à outils

de Warktüüchkassen

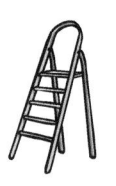

échelle

de Ledder

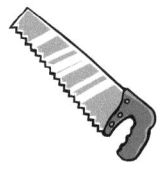

scie

de Saag

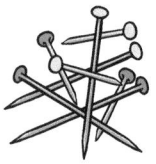

clous

de Nagels

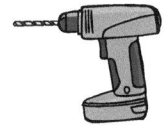

perceuse

de Bohrer

réparer
....
heelmaken

pelle
....
de Schüffel

Mince !
....
Schiet!

pelle
....
dat Kehrblick

pot de peinture
....
de Farvpott

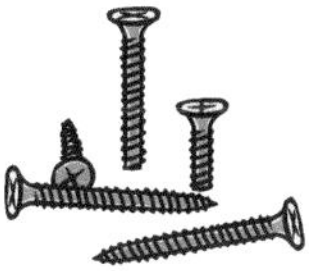

vis
....
de Schruven

instruments de musique
de Musikinstrumenten

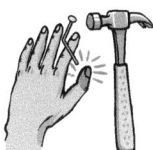

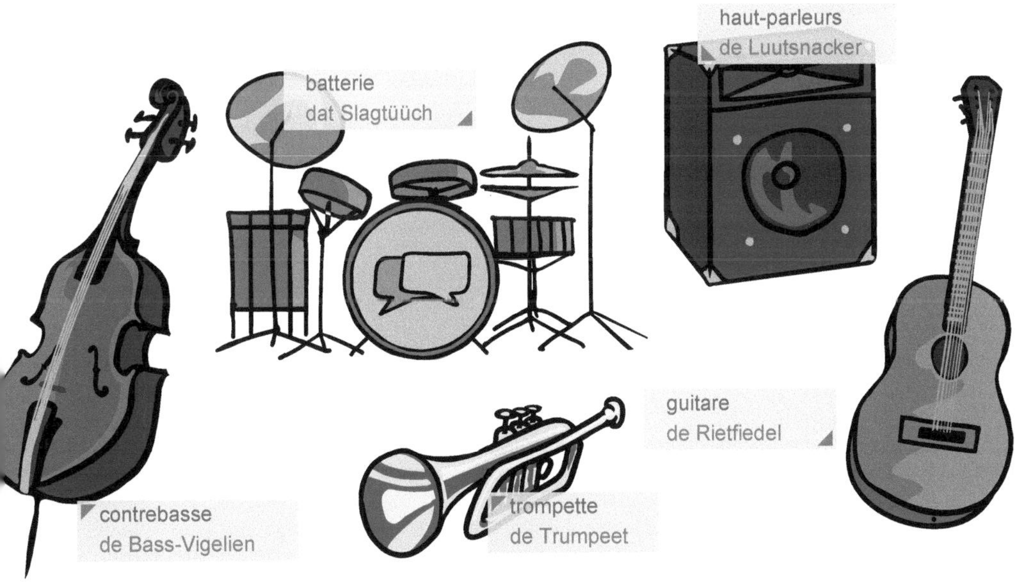

haut-parleurs
de Luutsnacker

batterie
dat Slagtüüch

guitare
de Rietfiedel

contrebasse
de Bass-Vigelien

trompette
de Trumpeet

piano

dat Klaveer

violon

de Vigelien

basse

de Bass

timbales

de Pauk

tambour

de Trummeln

piano électrique

dat Keyboard

saxophone

dat Saxophon

flûte

de Fleut

microphone

dat Mikrofoon

ZOO
de Deertenpark

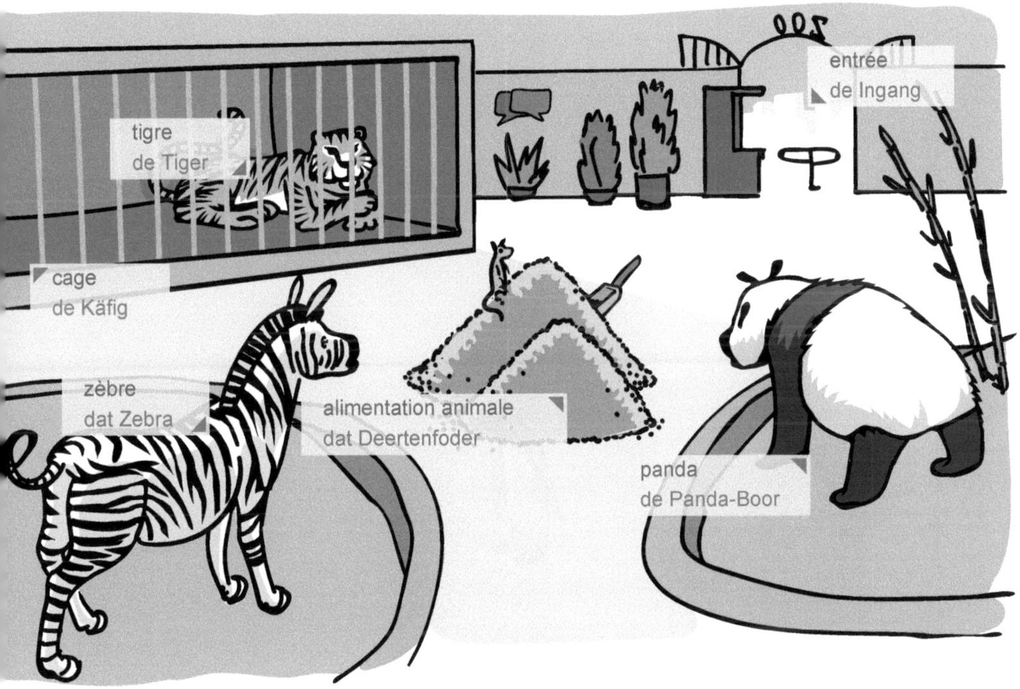
tigre
de Tiger
entrée
de Ingang
cage
de Käfig
zèbre
dat Zebra
alimentation animale
dat Deertenfoder
panda
de Panda-Boor

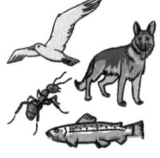

animaux
de Deerten

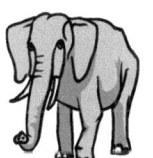

éléphant
de Elefant

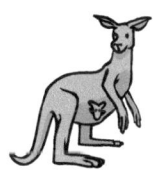

kangourou
dat Känguru

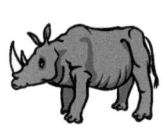

rhinocéros
dat Neeshoorn

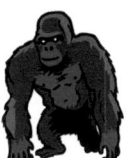

gorille
de Gorilla

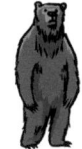

ours
de Boor

chameau
....
dat Kameel

autruche
....
de Struuß

lion
....
de Lööv

singe
....
de Aap

flamand rose
....
de Flamingo

perroquet
....
de Papagoi

ours polaire
....
de Iesboor

pingouin
....
de Pinguin

requin
....
de Haifisch

paon
....
de Pageluun

serpent
....
de Slang

crocodile
....
dat Krokodil

gardien de zoo
....
de Oppasser in'n
Deertenpark

phoque
....
de Saalhund

jaguar
....
de Jaguor

zoo - de Deertenpark

poney

dat Pony

léopard

de Leopard

hippopotame

dat Nilpeerd

girafe

de Giraff

aigle

de Aadler

sanglier

dat Wildswien

poisson

de Fisch

tortue

de Schildkrööt

morse

dat Walross

renard

de Voss

gazelle

de Gazell

american Football
de Amerikaansch Football

cyclisme
dat Radfohren

tennis
dat Tennis

basket-ball
de Korfball

natation
dat Swümmen

boxe
dat Boxen

hockey sur glace
dat Ieshockey

football
de Football

badminton
dat Fedderball

athlétisme
de Leichtathletik

handball
de Handball

ski
dat Skilopen

polo
dat Polo

sauter
springen

rire
lachen

embrasser
ümarmen

chanter
singen

marcher
gahn

rêver
drömen

prier
beden

faire la bise
snuteln

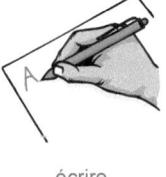

écrire

schrieven

dessiner

teken

montrer

wiesen

pousser

drücken

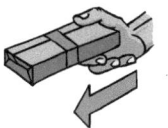

donner

geven

prendre

nehmen

avoir

hebben

faire

doon

être

sien

être debout

stahn

courir

lopen

trier

trecken

jeter

smieten

tomber

fallen

être couché

liggen

attendre

töven

porter

dregen

être assis

sitten

s'habiller

antrecken

dormir

slapen

se réveiller

opwaken

activités - de Aktivitäten

regarder
ankieken

pleurer
wenen

caresser
eien

peigner
kämmen

parler
snacken

comprendre
verstahn

demander
fragen

écouter
hören

boire
drinken

manger
eten

ranger
oprümen

aimer
leefhebben

cuire
kaken

conduire
fohren

voler
flegen

activités - de Aktivitäten

faire de la voile

segeln

calculer

reken

lire

lesen

apprendre

lehren

travailler

arbeiden

se marier

de Plünnen tohoopsmieten

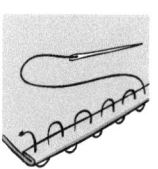

coudre

neihen

brosser les dents

Tähnen putzen

tuer

dootmaken

fumer

smöken

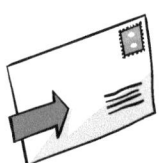

envoyer

schicken

nd-mère
Grootmoder

grand-père
de Grootvadder

père
de Vadder

mère
de Moder

é
Winnelkind

fille
de Dochter

fils
de Söhn

hôte
de Gast

tante
de Tant

oncle
de Unkel

frère
de Broder

sœur
de Süster

corps

de Lief

front
de Vörkopp
œil
dat Oog
épaule
de Schuller
doigt
de Finger
visage
dat Gesicht
menton
dat Kinn
main
de Hand
jambe
dat Been
poitrine
de Bost
bras
de Arm

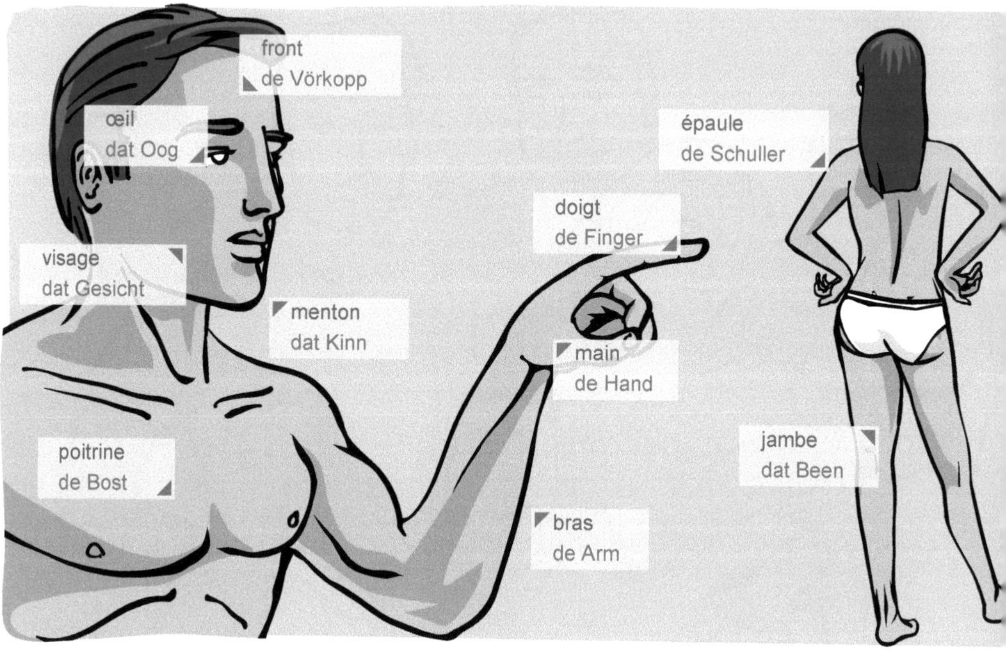

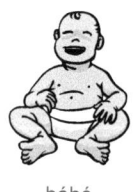

bébé

dat Winnelkind

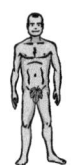

homme

de Mann

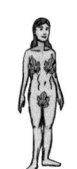

femme

de Fro

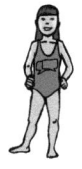

fille

de Deern

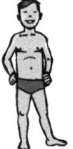

garçon

de Jung

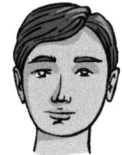

tête

de Arm

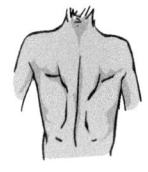

dos
....
de Rüch

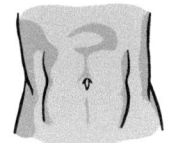

ventre
....
de Buuk

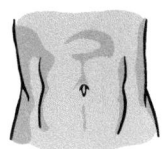

nombril
....
de Navel

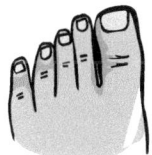

orteil
....
de Teh

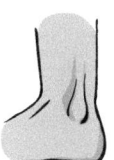

talon
....
de Hack

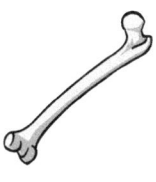

os
....
de Knaken

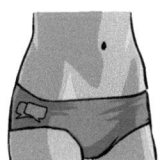

hanche
....
de Hüft

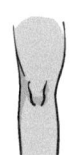

genou
....
dat Knee

coude
....
de Ellbagen

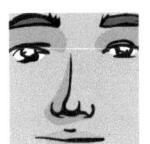

nez
....
de Nees

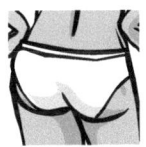

fesses
....
de Achtersen

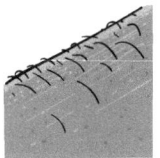

peau
....
de Huut

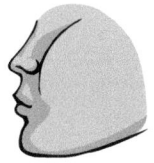

joue
....
de Back

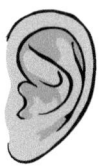

oreille
....
dat Ohr

lèvre
....
de Lipp

bouche

de Mund

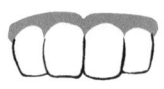

dent

de Tähn

langue

de Tung

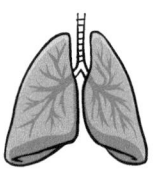

cerveau

de Bregen

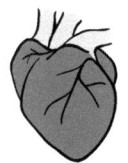

cœur

dat Hart

muscle

de Muskel

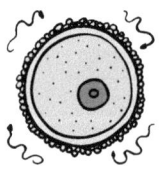

poumons

de Lung

foie

de Lever

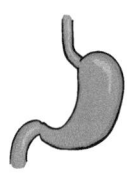

estomac

de Maag

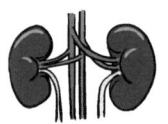

reins

de Neren

rapport sexuel

de Bislaap

préservatif

dat Kondoom

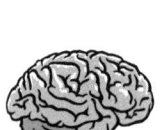

ovule

de Eizell

sperme

dat Sperma

grossesse

de Anner Ümstänn

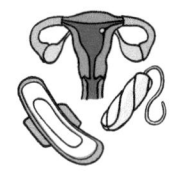

menstruation

de Menstruatschoon

vagin

de Scheed

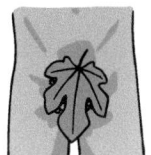

pénis

de Pint

sourcil

de Ogenbroe

cheveux

dat Hoor

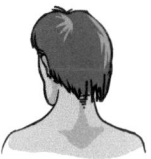

cou

de Hals

hôpital
dat Krankenhuus

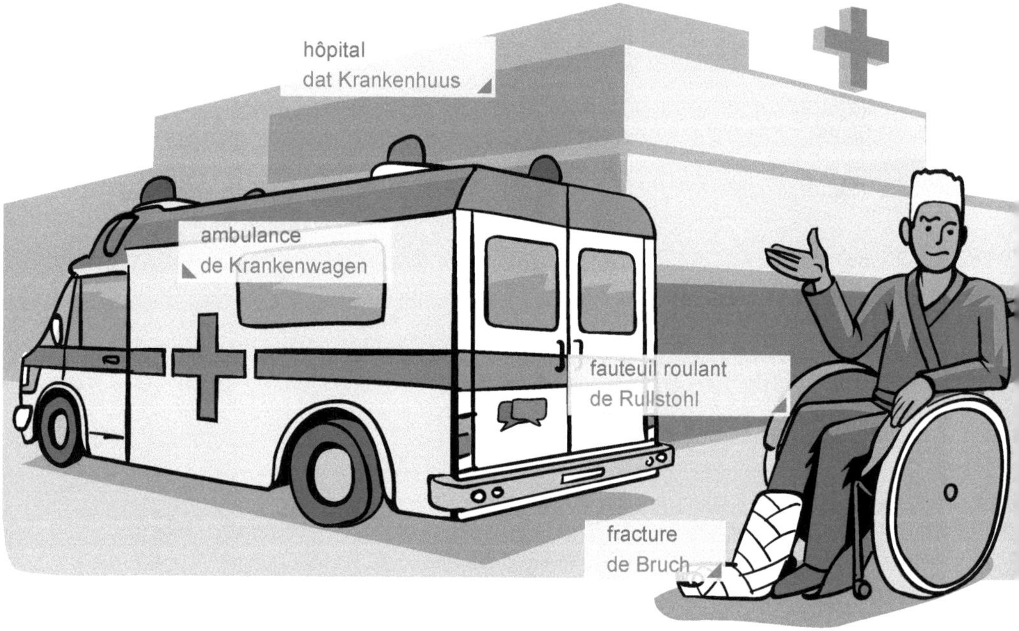

hôpital
dat Krankenhuus
ambulance
de Krankenwagen
fauteuil roulant
de Rullstohl
fracture
de Bruch

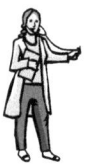

médecin

de Dokter

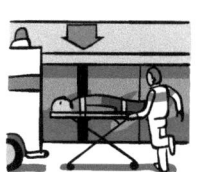

service des urgences

de Nootopnahm

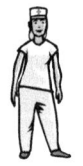

infirmière

de Krankensüster

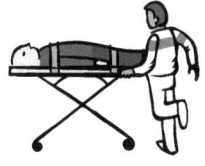

urgence

de Nootfall

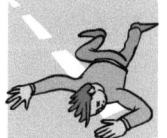

inconscient

ahnmächtig

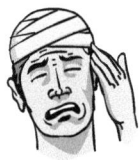

douleur

de Wehdaag

blessure

de Verwunnen

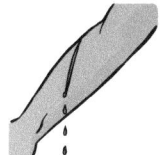

hémorragie

de Blöden

crise cardiaque

de Hartinfarkt

attaque cérébrale

de Slaganfall

allergie

de Allergie

toux

de Hoosten

fièvre

dat Fever

grippe

de Gripp

diarrhée

de Dörchfall

mal de tête

de Koppwehdaag

cancer

de Kreeft

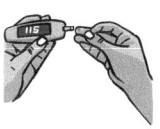

diabète

de Zuckersüük

chirurgien

de Chirurg

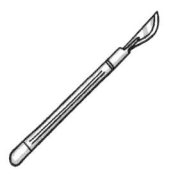

scalpel

dat Chirurgsch Mess

opération

de Operatschoon

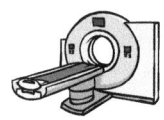

CT

dat CT

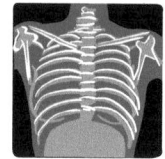

radiographie

de Dörchlüchten

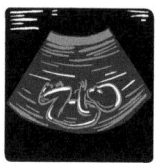

échographie

de Ultraschall

masque

de Mask

maladie

de Krankheit

salle d'attente

de Töövruum

béquille

de Krück

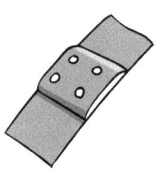

pansement

dat Plaaster

pansement

de Verband

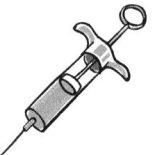

injection

de Insprütten

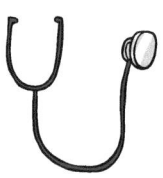

stéthoscope

dat Stethoskop

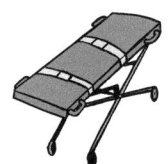

brancard

de Draag

thermomètre

dat Feverthermometer

accouchement

de Geboort

surcharge pondérale

dat Övergewicht

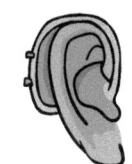

appareil auditif

de Höörapparat

désinfectant

dat Kiemfriemiddel

infection

de Ansteken

virus

de Virus

VIH / sida

dat HIV / AIDS

médicament

dat Heelmiddel

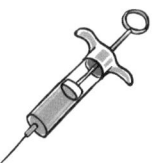

vaccination

de Impen

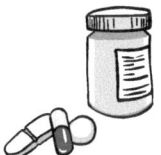

comprimés

de Tabletten

pilule

de Pill

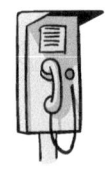

appel d'urgence

de Nootroop

tensiomètre

de Blootdruck-Meter

malade / sain

krank / gesund

Au secours !

Hölp!

alarme

de Alarm

assaut

de Överfall

attaque

de Angreep

danger

de Gefohr

sortie de secours

de Nootutgang

Au feu!

dat Füer!

extincteur

de Füerlöscher

accident

de Unfall

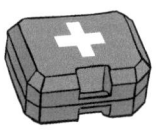

trousse de premier secours

de Noothölpkoffer

SOS

SOS

police

de Polizei

terre
de Eerd

Europe

Europa

Amérique du Nord

Noordamerika

Amérique du Sud

Süüdamerika

Afrique

Afrika

Asie

Asien

Australie

Australien

Océan atlantique

de Atlantik

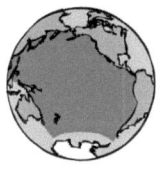

Océan pacifique

de Pazifik

Océan indien

dat Indisch Weltmeer

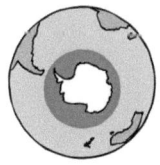

Océan antarctique

dat Antarktisch Weltmeer

Océan arctique

dat Arktisch Weltmeer

pôle nord

de Noordpol

pôle sud
....
de Süüdpol

Antarctique
....
de Antarktis

terre
....
de Eerd

pays
....
dat Land

mer
....
de See

île
....
dat Eiland

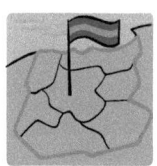

nation
....
de Natschoon

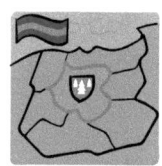

état
....
de Staat

terre - de Eerd

cadran

dat Tallenblatt

aiguille des heures

de Stunnenwieser

aiguille des minutes

de Minutenwieser

aiguille des secondes

de Sekunnenwieser

Quelle heure est-il ?

Wo laat is dat?

jour

de Dag

temps

de Tiet

maintenant

nu

montre digitale

de digetaalsch Klock

minute

de Minuut

heure

de Stunn

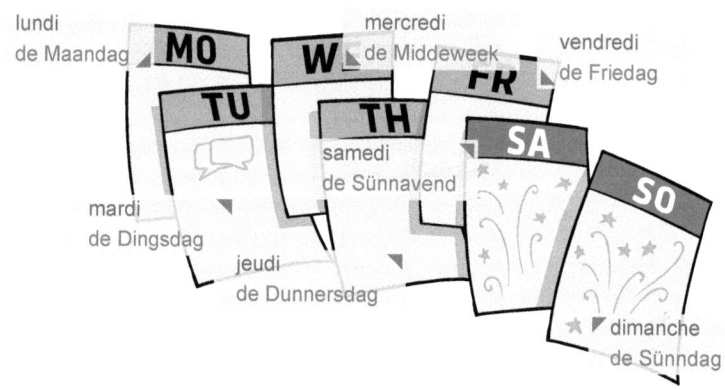

lundi
de Maandag

mercredi
de Middeweek

vendredi
de Friedag

samedi
de Sünnavend

mardi
de Dingsdag

jeudi
de Dunnersdag

dimanche
de Sünndag

hier

güstern

aujourd'hui

hüüt

demain

morgen

matin

de Morgen

midi

de Meddag

soir

de Avend

jours ouvrables

de Arbeitsdaag

week-end

dat Wekenenn

année
dat Johr

pluie
de Regen
arc-en-ciel
de Regenbagen
vent
de Wind
neige
de Snee
printemps
dat Fröhjohr
été
de Sommer
automne
de Harvst
hiver
de Winter

4.APRIL 11°
5.APRIL 4°
6.APRIL 13°
7.APRIL 8°
8.APRIL 10°

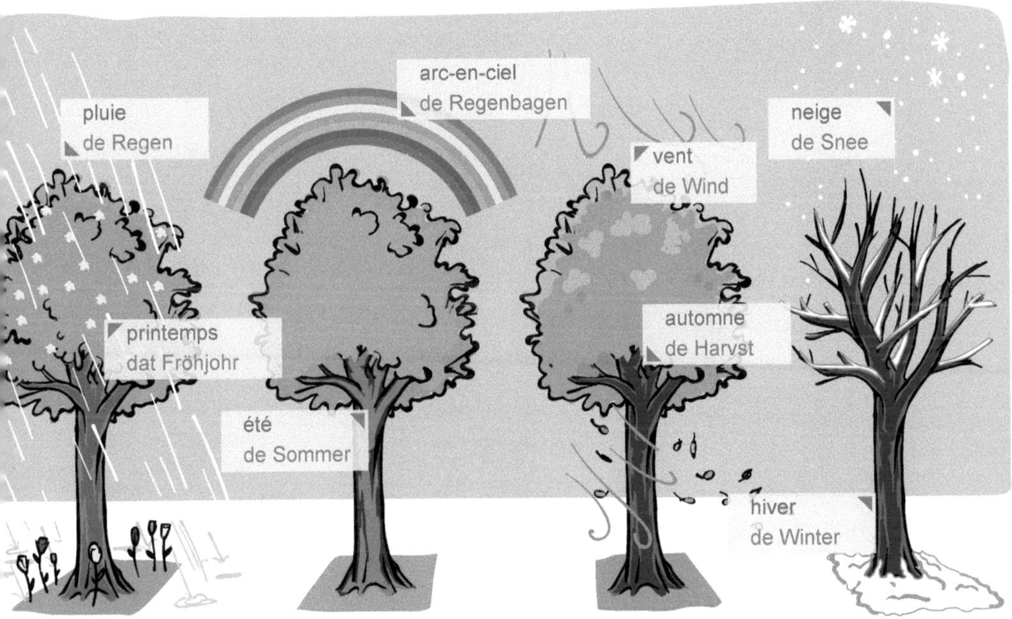

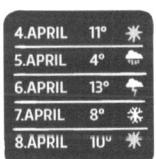

météo

de Wedervörhersaag

F C
120 90 60 30 0 -30
40 30 20 10 0 -10 -20

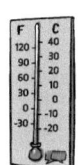

thermomètre

dat Thermometer

lumière du soleil

de Sünnenschien

nuage

de Wulk

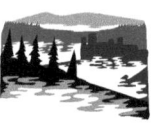

brouillard

de Nevel

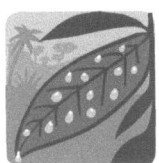

humidité

de Luftfuchtigkeit

foudre
....
de Blitz

tonnerre
....
de Dunner

tempête
....
de Storm

grêle
....
de Hagel

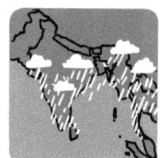

mousson
....
de Monsun

inondation
....
de Floot

glace
....
dat Ies

janvier
....
de Januormaand

février
....
de Februormaand

mars
....
de Martmaand

avril
....
de Aprilmaand

mai
....
de Maimaand

juin
....
de Junimaand

juillet
....
de Julimaand

août
....
de Augustmaand

année - dat Johr

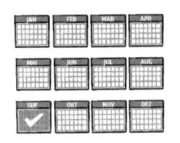

septembre

de Septembermaand

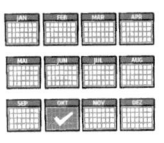

octobre

de Oktobermaand

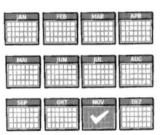

novembre

de Novembermaand

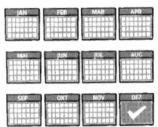

décembre

de Dezembermaand

formes
de Formen

cercle

de Krink

carré

dat Quadrat

rectangle

dat Rechteck

triangle

dat Dreeeck

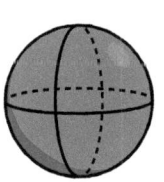

sphère

de Kugel

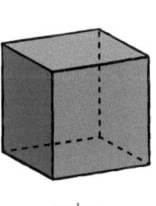

cube

de Wörpel

blanc
witt

jaune
geel

orange
orangsch

rose
pink

rouge
root

violet
lila

bleu
blau

vert
gröön

marron
bruun

gris
gries

noir
swart

beaucoup / peu

veel / wenig

fâché / calme

böös / verdreeglich

joli / laid

smuck / mies

début / fin

de Begünn / dat Enn

grand / petit

groot / lütt

clair / obscure

hell / düüster

frère / soeur

de Broder / de Süster

propre / sale

schier / schietig

complet / incomplet

kumpleet / nich kumpleet

jour / nuit

de Dag / de Nacht

mort / vivant

doot / lebennig

large / étroit

breet / small

comestible / incomestible

geneetbor / nich geneetbor

méchant / gentil

böös / fründlich

excité / ennuyé

fickerig / langwielt

gros / mince

dick / dünn

premier / dernier

toeerst / toletzt

ami / ennemi

de Fründ / de Fiend

plein / vide

vull / leddig

dur / souple

hart / week

lourd / léger

swoor / licht

faim / soif

de Smacht / de Döst

malade / sain

krank / gesund

illégal / légal

nich na't Recht / na't Recht

intelligent / stupide

klook / dummerhaftig

gauche / droite

linkerhand / rechterhand

proche / loin

neeg / feern

nouveau / usé

nieg / bruukt

rien / quelque chose

nix / wat

vieux / jeune

oolt / jung

marche / arrêt

an / ut

ouvert / fermé

apen / slaten

faible / fort

lies / luut

riche / pauvre

riek / arm

correct / incorrect

richtig / verkehrt

rugueux / lisse

ruug / glatt

triste / heureux

trurig / glücklich

court / long

kort / lang

lent / rapide

suutje / flink

mouillé / sec

natt / dröög

chaud / froid

warm / köhl

guerre / paix

de Krieg / de Freden

0

zéro

null

1

un / une

een

2

deux

twee

3

trois

dree

4

quatre

veer

5

cinq

fief

6

six

söss

7

sept

söven

8

huit

acht

9

neuf

negen

10

dix

teihn

11

onze

ölven

12

douze
twölf

13

treize
dörteihn

14

quatorze
veerteihn

15

quinze
föffteihn

16

seize
sössteihn

17

dix-sept
söventeihn

18

dix-huit
achtteihn

19

dix-neuf
negenteihn

20

vingt
twintig

100

cent
hunnert

1.000

mille
dusend

1.000.000

million
million

anglais

dat Engelsch

anglais américain

dat Amerikaansch Engelsch

chinois mandarin

dat Chineesch Mandarin

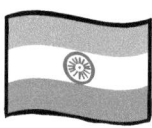

hindi

dat Hindi

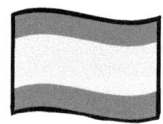

espagnol

dat Spaansch

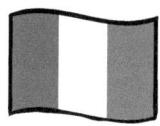

français

dat Franzöösch

arabe

dat Araabsch

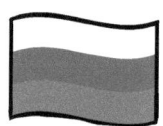

russe

dat Rusch

portugais

dat Portugiesch

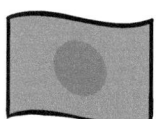

bengali

dat Bengaalsch

allemand

dat Düütsch

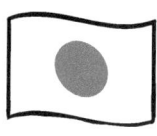

japonais

dat Japaansch

je
....
ik

tu
....
du

il / elle / ce, c', cela
....
he / se / dat

nous
....
wi

vous
....
ji

ils / elles
....
se

Qui ?
....
keen?

Quoi ?
....
wat?

Comment ?
....
woans?

Où ?
....
woneem?

Quand ?
....
wannehr?

nom
....
de Naam

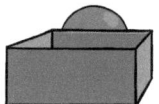

derrière
....
achter

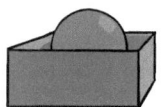

dans
....
in

devant
....
vör

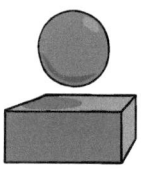

au-dessus
....
över

sur
....
op

en-dessous
....
ünner

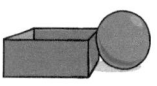

à côté de
....
blangen

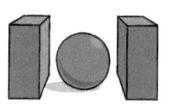

entre
....
twüschen

lieu
....
de Oort